CODE MARITIME

COMPOSÉ DES

LOIS DE LA MARINE MARCHANDE,

RÉUNIES, COORDONNÉES ET EXPLIQUÉES.

CODE MARITIME

COMPOSÉ DES

LOIS DE LA MARINE MARCHANDE,

RÉUNIES, COORDONNÉES ET EXPLIQUÉES;

Par A. Beaussant,

ANCIEN BATONNIER DES AVOCATS, A LA ROCHELLE.

L'accroissement des forces de l'état sera toujours en proportion des facilités, de la protection et des avantages que l'on accordera au commerce.

(VALIN, *Préliminaire du Commentaire sur l'ordonnance de* 1681.)

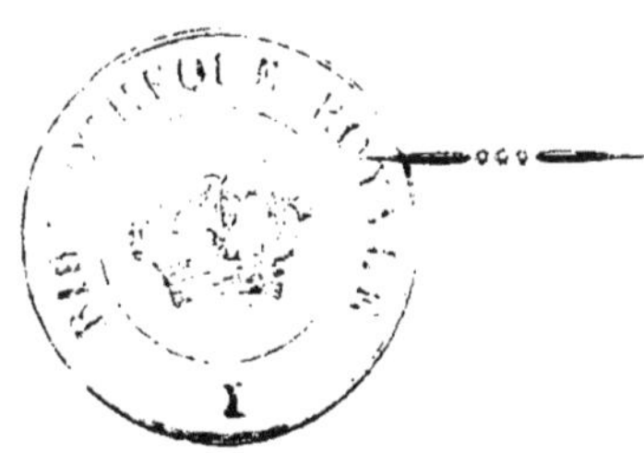

PARIS,

IMPRIMERIE D'ADOLPHE ÉVERAT ET COMPAGNIE,

Rue du Cadran, 14 et 16.

1838.

INTRODUCTION.

L'ordonnance du mois d'août 1681 était un Code complet pour la marine marchande (1); elle ne traçait pas seulement sur les contrats maritimes un traité bien supérieur à tous les essais de législation faits jusqu'alors; elle réglait encore tout ce qui concernait les gens et les bâtiments de mer, la police des ports, côtes, rades et rivages, les pêches, l'organisation des tribunaux compétents, et la procédure à suivre devant

(1) La marine militaire était régie par l'ordonnance de 1689, qui n'avait que quelques articles relatifs à la police de la navigation. Dans l'ordonnance de 1681, il n'était question au contraire « que d'instruire les navigateurs, les com- » merçants, et tous ceux que regarde la police de la mer, de leurs obligations » réciproques ou respectives, et des règles à suivre pour la décision des dif- » férends qui peuvent s'élever entre eux à l'occasion du commerce maritime, » si fécond en événements propres à faire naître des contestations ou des » doutes. » (Valin, *Préface de son Commentaire.*)

eux. Rien n'était oublié; tout ce qui pouvait intéresser la navigation maritime rentrait dans le cadre de l'ordonnance, et se trouvait compris dans la même œuvre. Cette unité était le résultat nécessaire de l'institution de l'amirauté, qui régissait tout ce qui touchait à la navigation commerciale.

L'ordonnance de 1681 fut accueillie comme un bienfait, comme le plus beau travail d'une époque où l'on vit tant de belles ordonnances qui ont préparé et facilité le grand résultat de la codification de nos lois. Elle fut acceptée par presque toutes les nations commerçantes de l'Europe.

Le temps, que rien n'arrête, qui amène toujours des progrès nouveaux, et prouve combien la perfection est infinie, modifia l'ordonnance de 1681, non dans son traité des contrats maritimes, mais dans ses autres parties, dont la nature prêtait à plus de variations.

Au milieu du dix-huitième siècle, il y avait eu déjà dans l'ordre de la police maritime, dans les devoirs et les obligations des négociants, des armateurs, des capitaines et autres gens de mer, de prodigieux changements; et, à cette occasion, une multitude d'ordonnances, édits, déclarations, arrêts du Conseil, règlements, mémoires, qui formaient un vrai chaos et faisaient d'un commentaire un de ces projets hardis dont le succès peut seul justifier l'entreprise (1).

Valin fit ce commentaire, et l'on peut dire avec

(1) Valin, *Préface du Commentaire sur l'ordonnance de 1681*. (La Rochelle, 1760, 1766, 1770 et 1776.)

exactitude que ce grand jurisconsulte rendit à l'ordonnance le même service qu'elle avait rendu au commerce. Il lui donna l'unité qu'elle avait perdue. Dans cet excellent ouvrage, tout ce qui se rattachait, sous quelque point de vue que ce fût, à la législation du commerce maritime, fut exposé, expliqué, discuté avec la clarté, la science, la justesse de jugement qui font de ce livre, encore aujourd'hui que l'ordonnance est pour la plus grande partie abrogée, l'étude nécessaire des jurisconsultes, des négociants et des administrateurs qui s'occupent des choses de la mer. Ainsi Valin récompensa la France de l'hospitalité que Louis XIV avait accordée à sa famille proscrite.

En 1782 de nouvelles modifications faisaient vivement désirer à M. Émérignon un recueil des ordonnances et réglements qui avaient paru depuis le commentaire de M. Valin (1).

La révolution de 1789, abattant l'ordre ancien des choses, devait apporter un complet désordre dans l'économie de cette partie de la législation, plus encore peut-être qu'en aucune autre ; l'abolition de l'amirauté suffisait, à elle seule, pour jeter épars de tous côtés, les restes de l'ordonnance de 1681.

L'amirauté était une institution sur laquelle il n'est pas indifférent de jeter un coup d'œil.

L'on commence en 1527, à Pierre le Mègue, la liste positive des amiraux de France, qui exercèrent en ti-

(1) Émérignon, à la fin du deuxième vol. du *Traité des assurances*.

tre d'office cette charge jusqu'en 1626. L'amiral était alors un des grands officiers de la couronne, il jouissait d'une sorte de démembrement de la puissance royale. Son pouvoir était excessif. Il avait le commandement de toutes les forces navales, la nomination de tous les officiers, le réglement de tout le matériel; il avait des tribunaux qu'il nommait, qui jugeaient au civil et au criminel tout ce qui se rapportait à la marine marchande ou militaire, à la perception de tous les droits de navigation, lesquels lui appartenaient, à la rentrée de toutes les amendes même pour faits de contrebande, et dont il profitait. Tout se faisait sur la mer par lui et en son nom. Le pouvoir royal lui donnait seulement sa commission et pouvait la lui retirer.

Il est vrai que l'amiral de France n'était pas le seul qu'il y eût en France. Il commandait seulement en Normandie et Picardie. La Bretagne, la Guienne et la Provence avaient, même depuis leur réunion à la France, conservé leurs amiraux particuliers, qui n'étaient point officiers de la couronne, et restaient inférieurs en dignité à celui de France; et si, ce qui arriva quelquefois, le même homme était amiral de France, de Bretagne ou de Guienne (car jamais il n'y eut un même amiral de France et de Provence), c'était par des provisions séparées que les deux charges lui étaient conférées.

Un seigneur de la Trimouille fut, en 1517, amiral en même temps de la Guienne et de la Bretagne. Un seul amiral de France, le dernier, Henri de

Montmorency, fut amiral de France et de Guienne; les deux charges furent même réunies sous lui en 1613; il était aussi amiral de Bretagne. Plusieurs furent à la fois amiraux de France et de Bretagne. On voit que la réunion devenait d'autant plus difficile que les provinces étaient plus éloignées du pouvoir royal. La Bretagne, la Guienne (1) et la Provence recevaient leurs amiraux du roi de France, malgré la prétention des gouverneurs, lesquels se croyaient amiraux nés de leurs provinces et luttaient contre le développement de la puissance souveraine. Cette prétention fit toutefois que le roi nomma toujours amiraux de leur province les gouverneurs de Provence et souvent ceux de Guienne. En Bretagne, où l'on nommait plus aisément des amiraux différents des gouverneurs, il y avait entre ces deux officiers de perpétuels combats d'attributions. Le procureur général du parlement de Paris, faisant enregistrer les provisions du marquis de Villars, le 14 novembre 1569, faisait bien remarquer qu'il était inutile de dire amiral *de France et de Bretagne*, puisque, dès 1544, l'amirauté de Bretagne avait été réunie à celle de France; mais les amiraux de Bretagne sentaient de leur côté le besoin de transiger, et le 5 avril 1584, le duc de Mercœur, gouverneur, et le duc de Joyeuse, amiral, se partageaient les droits d'amirauté. Ce partage fut annulé par le roi, le 17 août 1588, et la bataille continua.

Ainsi, les charges d'amiral étaient dangereuses dans

(1) Henri IV avait été amiral de Guienne.

les mains d'un sujet par leur trop grande puissance; d'une autre part, la manière dont elles se partageaient le territoire gênait la célérité des mesures utiles à la défense du pays, puisque, excepté l'amiral de Bretagne, chacun se mêlait, dans sa province, de la marine et des expéditions militaires sur mer (1); enfin, elles enlevaient au roi la généralité de son pouvoir entravé par ces morcellements et ce démembrement.

Le cardinal de Richelieu fit en 1626 donner à Henri de Montmorency sa démission d'amiral de France, et la charge fut supprimée en janvier 1627 avec celle de connétable, qui, étant sur terre ce que celle d'amiral était sur mer, se trouvait encore plus dangereuse parce qu'elle n'était point partagée, et s'étendait sur toutes les troupes de terre.

Aussitôt après la démission de Henri de Montmorency, en novembre 1626, le cardinal s'était fait nommer grand-maître, chef et surintendant général *de la navigation et du commerce* de France. La place nouvelle avait moins de pouvoir, puisque le roi se réservait de nommer qui il lui plairait pour commander les armées de mer; elle avait donc moins de danger; elle avait ensuite plus d'étendue, puisqu'elle était faite pour toute la France, et elle était plus efficace.

Les gouverneurs de Guienne et de Provence n'établirent aucune opposition à l'exercice de la nouvelle

(1) Cependant la création d'un capitaine général des galères, sorte de vaisseaux que l'on croyait plus propres à servir sur la Méditerranée, diminuait beaucoup le pouvoir du gouverneur amiral de Provence.

charge. Le gouverneur de Bretagne persista au contraire à retenir les droits d'amirauté qui avaient appartenu aux anciens ducs de Bretagne, exerçant les pouvoirs régaliens, bien que vassaux de la couronne. Vainement Richelieu voulut établir en Bretagne des siéges d'amirauté, il n'y réussit point, et les gouverneurs se maintinrent dans leur prétention (1).

En novembre 1669, et après la mort du duc de Beaufort, qui était pourvu de la charge créée par Richelieu, Louis XIV supprima cette charge et rétablit celle d'amiral; mais il amoindrit son ancienne importance. L'édit établit que le titre et les fonctions de surintendant n'étaient point assez relevés pour pouvoir, avec l'autorité et la dignité nécessaires, commander d'aussi considérables forces que celles dont le roi pouvait disposer, et que, pour éviter les inconvénients qui avaient fait supprimer les charges de connétable et d'amiral en 1626, il convenait de réserver au roi le choix et provision de tous les officiers de marine. Cet

(1) Les provinces plus éloignées se rendirent à cette époque plus aisément que la province la plus rapprochée, au rebours de ce qui avait eu lieu précédemment et de ce qui était probable: la cause en est peut-être en ce que, dans les provinces éloignées les seigneurs du littoral n'ayant pu être dépossédés par les gouverneurs des droits qu'ils s'étaient attribués, ceux-ci étaient moins forts et moins intéressés à combattre contre le surintendant; et en ce que le gouverneur de Bretagne trouvait au contraire dans la soumission à laquelle il avait réduit les seigneurs, plus de force pour lutter. Richelieu en Provence n'eut en effet qu'à plaider contre les seigneurs riverains pour les droits d'ancrage qui lui avaient été donnés. Peut-être aussi le plus grand crédit des gouverneurs de Bretagne a-t-il donné lieu à ce résultat, ainsi que leur prétention de représenter les anciens ducs.

édit fut contresigné par Colbert, qui en 1662 avait joint le commerce maritime, les colonies et l'armée navale aux charges de ministre de la maison du roi, de contrôleur général des finances et de surintendant des bâtiments.

L'amiral, sous le rapport honorifique, resta l'un des premiers de l'état ; il vint après le chancelier. Sous le rapport militaire, il fut complétement dépouillé. Autrefois toutes les forces maritimes avaient été en ses mains et à sa disposition ; il avait eu la nomination de tous les officiers de la marine depuis les vice-amiraux jusqu'aux derniers grades ; il avait nommé les capitaines et officiers des ports et gardes-côtes, les intendants, commissaire de marine et tous les officiers de guerre et de finance ayant emploi dans la marine ; ç'avait été par ses ordres et sous sa direction que s'étaient faits les constructions et radoubs des vaisseaux de guerre, les achats de tout ce qui était nécessaire à leurs équipements et avitaillement ; il avait eu les états de toutes les dépenses faites par les trésoriers de la marine ; il avait eu le commandement général de tous les bâtiments de guerre et le choix de tous les officiers qui les montaient. Tous ces droits résultaient des ordonnances de décembre 1400, sous Charles VI, de 1480 en faveur de l'amiral de Bourbon, de juillet 1517 et février 1543 sous François Ier, et de mars 1584 sous Henri III (1).

(1) Les ordonnances relatives à l'amirauté, faites à l'occasion des droits des amiraux, étaient, avec le capitulaire de Charlemagne en 789 *de littorum custodiâ, les jugements d'Oleron*, donnés par la reine Eleonore en 1152, *le*

L'édit de 1669 et l'ordonnance de 1681 réservèrent au roi toutes ces nominations, et l'amiral n'eut plus qu'un droit, celui de commander la principale des armées navales, et encore après en avoir reçu l'ordre du roi quand il plairait à celui-ci de le donner (article 6, titre 1er, livre Ier, ordonnance de 1681.)

La charge d'amiral resta importante sous le rapport des revenus, car elle donnait — le droit de congé sur tous les vaisseaux partant du royaume, — le droit d'ancrage, lestage, délestage, feux, tonnes et balises ; — une part dans les épaves, les naufrages, les successions des gens décédés en mer ; — le dixième sur toutes les prises faites à la mer, droit qui en septembre 1788 fut anéanti au moyen d'une indemnité annuelle de 150,000 liv., assignées sur les fermes générales. — Le droit à toutes les amendes et confiscations judiciaires prononcées dans les siéges particuliers des amirautés et à la demie de celles ordonnées par les tables de marbre (1).

L'amiral conserva une grande influence sur la marine marchande. Aucun navire ne pouvait naviguer sans son congé, faire la course sans sa commission; il réglementait la police des ports, grèves et rades, les

consulat de la mer, approuvé en 1250 par Saint-Louis, et une ordonnance de 1629, les seuls documents de législation maritime qu'eût la France avant 1681, Voyez sur tout cela les savantes recherches du célèbre commentateur de l'ordonnance de 1681, qui a bien mérité l'hommage public que la ville de la Rochelle, sa patrie, paraît être dans l'intention de lui décerner.

(1) Les amiraux percevaient aussi la paulette, qui était un droit annuel payé par les gens pourvus d'offices, afin de pouvoir les transmettre à leurs veuves et héritiers.

sauvetages, la fixation des droits de navigation, le service des pilotes côtiers, leurs salaires, ceux des maîtres de barques et alléges, des compteurs de poisson, etc. Il nommait les interprètes, les courtiers conducteurs, les maîtres de quai, les préposés aux lestage et délestage, entretien des feux, tonnes et balises, les apothicaires et chirurgiens pour la visite des bâtiments suspects de contagion et l'examen des chirurgiens qui se présentaient pour être embarqués; c'était devant ses officiers qu'étaient examinés les candidats aux grades de capitaine, maître ou patron et pilote, et c'était par eux qu'était faite la réception à la suite de laquelle on remettait aux candidats reçus, leurs lettres de maîtrise.

Enfin l'amiral pourvoyait aux offices des siéges des amirautés, et toute la justice d'amirauté lui appartenait et était rendue en son nom.

La nouvelle charge d'amiral fut sans difficulté reconnue, où celle de surintendant de la navigation s'était fait obéir, en Picardie et Normandie, Guienne et Provence. Mais le gouverneur de Bretagne avait si bien fait que l'édit de 1669 excepta positivement cette province des attributions du nouvel amiral, et que l'article premier de l'ordonnance de la marine faite en 1684, exprès pour la Bretagne, confirma le gouverneur en sa qualité dans les droits d'amirauté. Pour remédier ensuite à cette faute et aux collisions qu'elle faisait naître entre le gouverneur et l'amiral qui avait conservé quelques droits dans quelques cantons de la

Bretagne, on recourait à l'expédient de nommer toujours l'amiral, gouverneur de la Bretagne. En 1691, les tribunaux d'amirauté que Richelieu n'avait pu instituer en Bretagne y furent établis par le gouverneur à son avantage, et en 1717 les colonies et tous les lieux sous l'obéissance du roi durent recevoir la même juridiction, qui régna dès lors dans toutes les possessions françaises.

Pour l'exercice de cette juridiction, le territoire maritime était divisé en fractions appelées amirautés, et où étaient des siéges généraux et particuliers (1); à chaque siége étaient attachés des lieutenants, conseillers, avocats et procureurs de l'amiral, lesquels devaient être gradués, avoir un certain âge, et qui remplissaient : les lieutenants et conseillers, les fonctions de juges; et les procureurs, celles du ministère public. Ce tribunal avait un greffier, des huissiers audienciers et visiteurs et des sergents. Auprès des amirautés était un receveur des droits de l'amiral. Tous ces officiers étaient nommés par l'amiral, et tous, sauf le receveur, ne pouvaient exercer qu'après avoir reçu des lettres de provision du roi, en sorte qu'ils étaient autant officiers du roi que de l'amiral (2).

Les tribunaux d'amirauté connaissaient exclusive-

(1) Un homme d'intelligence et de dévouement pour les choses de la marine, M. Dières-Montplaisir, trésorier des invalides de la marine, à la Rochelle, traça une carte des amirautés de France en 1789.

(2) L'intervention royale avait été créée en 1554 par l'édit qui érigea en titre d'offices les charges de l'amirauté.

ment entre toutes personnes de tout ce qui concernait la construction, les agrès et apparaux, avitaillement et équipement, vente et adjudication des vaisseaux, chartes-parties, affrétements, connaissements, fret ou nolis, engagement, nourriture de matelots, police d'assurances, contrats à la grosse et tous autres concernant le commerce de la mer; des prises, naufrages, et avaries, dommages aux vaisseaux et marchandises, délivrance des effets laissés dans les vaisseaux par ceux qui meurent en mer; de tous les droits utiles et lucratifs dus à l'amiral, de la pêche maritime, de la vente de ses produits.

En outre de ces débats civils, les officiers de l'amirauté jugeaient les faits de police de la navigation et des ports, côtes et rades; ainsi ils statuaient sur le dommage fait aux quais, digues, jettées et palissades, ils faisaient la levée des corps noyés, et dressaient procès-verbal de l'état des cadavres trouvés en mer, sur les grèves ou dans les ports; ils inspectaient la milice garde-côte, et connaissaient des différents nés à l'occasion du guet, des délits commis par les gardes-côtes faisant le guet.

Ils étaient administrateurs en recevant les maîtres de métier, calfateurs, cordiers, treviers, voiliers et autres ouvriers pour la construction des bâtiments de mer. Les malversations commises par ces ouvriers dans leur art rentraient dans la juridiction de l'amirauté.

Enfin les juges d'amirauté statuaient au grand et petit criminel sur toutes pirateries, pillages, désertion des équipages et tous crimes et délits commis sur la mer, les ports, hâvres et rivages, excepté toutefois les délits commis sur les vaisseaux du roi ou dans les ports par les officiers et soldats de marine, soumis à des conseils de guerre.

Pour l'appel, il fallait distinguer les siéges particu liers et généraux, les matières civils et criminelles.

La compétence des siéges particuliers et des siéges généraux était absolument la même; les lieutenants des siéges généraux prenaient seulement le titre de lieutenants généraux bien qu'ils n'eussent aucun pouvoir plus grand que celui des lieutenants particuliers. Mais les officiers des amirautés générales étaient reçus en cour de parlement, et la réception de ceux des amirautés particulières avait lieu aux tables de marbre, parce que l'appel des amirautés générales était porté nuement en parlement, et que celui des amirautés particulières était déféré aux tables de marbre. Les tables de marbre au nombre de deux, Paris et Rouen (celles de Bordeaux et de Rennes avaient été supprimées) étaient des tribunaux d'amirauté supérieurs aux autres siéges[1], chargés de juger en appel, mais dont les sentences pouvaient elles-mêmes être réformées par le parlement. Quand il n'y avait pas de siége particulier dans leur résidence, ces tribunaux jugeaient en première instance les matières tant civiles que criminelles comme siéges généraux ès tables de marbre.

Au civil les amirautés autres que les tables de marbre jugeaient sans appel jusqu'à cinquante livres, et les tables de marbre jusqu'à cent cinquante.

Au-delà de ces sommes il y avait lieu à appel au parlement ou aux tables de marbre, suivant la nature de l'amirauté générale ou particulière d'où venait l'appel. Il y avait des règles pour l'exécution provisoire, malgré l'appel, avec ou sans caution, et sur l'exécution par corps.

Au criminel, quelle que fût la peine, les sentences des amirautés générales étaient jugées par le parlement; celles des amirautés particulières n'y étaient directement portées qu'autant qu'il échéait d'une peine afflictive (1), sans cela elles allaient avec leurs causes civiles aux tables de marbre (2).

Ainsi les tribunaux d'amirauté cumulaient les jugements civils entre les particuliers pour faits de mer, les jugements des crimes, délits et contraventions, recherchés et poursuivis par leurs procureurs du roi, et les sentences pour la perception des droits de navigation réclamés par le receveur de l'amiral. Ils n'étaient point des tribunaux ordinaires, ce nom étant réservé aux juridictions auxquelles tous les Français pouvaient s'adresser. La juridiction ordinaire ne pouvait cependant connaître de leurs causes comme elle connaît aujourd'hui des causes commerciales à l'occasion desquelles l'exception d'incompétence n'est pas proposée.

Ils étaient tribunaux *privilégiés*, ayant une compé-

(1) Art. 26, ordonn. de 1670.

(2) Ordonn. de 1681.

tence exclusive et *privative*, qu'on ne pouvait violer sous peine d'amende. Du reste ils étaient les tribunaux naturels et ordinaires pour les hommes et les choses de la mer.

Les officiers d'amirauté étant juges royaux autant que juges de l'amiral, avaient la préséance sur tous les juges non royaux, et marchaient après les juges royaux ordinaires. Ils étaient autrefois réputés officiers militaires et de la gendarmerie, et ils tinrent toujours à rester officiers d'épée aussi bien que de robe, afin d'être exempts des tailles, aides, octrois, emprunts, impôts, logement de guerre, taxes des officiers des villes et villages du plat pays, taxes de l'ustensile, et pour jouir de toutes autres immunités, exemptions et franchises accordées aux officiers militaires. Mais ils n'en avaient évidemment que le nom : des hommes qui devaient être gradués, avoir suivi le barreau, et qui passaient leur vie à appliquer des lois, n'avaient pas le temps d'apprendre à se servir de l'épée.

Les tribunaux d'amirauté avaient souvent à combattre pour la conservation de leur compétence. Ils avaient pour premiers ennemis les juges-consuls, avec lesquels, à l'occasion de l'ordonnance de 1673, ils avaient soutenu une vive lutte. « De toutes les juridictions rivales « de l'amirauté, il n'en est point dont elle ait plus à « se garantir que de celle des juges-consuls, » disait Valin (1); ils combattaient contre les maîtrises des eaux

(1) Sur l'an ıı, t. 2, l. 1.

et forêts à l'occasion des limites de la pêche maritime et de la pêche en rivière; contre les tribunaux des traites avec lesquels on avait transigé le quinze mai 1728, en donnant la connaissance des actes de contrebande aux intendants conjointement avec les officiers de l'amirauté, et en enlevant le produit des amendes et confiscations à l'amiral, moyennant un abonnement de vingt mille livres donné en échange.

Les amirautés veillaient aussi à ce que les commissaires, intendants et ordonnateurs de la marine n'entreprissent pas sur leur juridiction (1). Elles blâmaient souvent les actes des commissaires des classes (2); elles avaient enfin maille à partir avec toutes les juridictions spéciales dont la France était couverte : bureaux des finances, juges des traites, officiers des élections, greniers à sel, eaux et forêts, juges des seigneurs, etc.

Il en fut ainsi jusqu'à la révolution.

Les 6=11 septembre 1790, il fut dit que le contentieux relatif aux transactions du commerce maritime dont les amirautés connaissaient étant attribué aux tribunaux de commerce, il serait procédé au surplus à ce que la police de la navigation et des ports fût utilement administrée; et les tribunaux d'amirauté furent maintenus

(1) Valin, sur l'art. xv, t. 2, l. 1.

(2) V. Valin, l. 2, t. 1, art. 5; titre. 7, t. 10, art. 6; l. 3, t. 4, art. 10; sur l'art. 22 du t. 1, l. 2, à l'occasion des commissaires, qui, lorsqu'un matelot se plaignait de son capitaine, l'envoyaient d'autorité en prison, cet auteur disait: « Abus qui ne manqueront pas de se multiplier en tout genre, si l'on souffre » l'affaiblissement du pouvoir des tribunaux pour le rendre purement arbi- » traire. »

ainsi que les prévôtés de la marine jusqu'à ce qu'il fût pourvu à ces objets auxquels leur juridiction était restreinte : ainsi les juges-consuls furent les premiers à démembrer l'amirauté dont ils avaient été les rivaux les plus redoutables. Un décret des 6 = 10 novembre 1790 indiqua le mode de liquidation et de remboursement des offices de l'amirauté. La charge d'amiral de France fut supprimée par décret des 22 avril = 1er — 15 mai 1791, et le 9 = 13 août 1791, les tribunaux d'amirauté furent définitivement supprimés ainsi que les receveurs, maîtres de quais, inspecteurs et visiteurs et tous autres préposés de l'amirauté. Le même décret subvint à la recette des droits de navigation, à la création des officiers de police dans les ports, à la délivrance des congés, aux bris et naufrages, et les juges de district furent chargés de connaître de tous les crimes et délits commis dans les ports et rades, sur les côtes de France, et sur navires français en mer et dans les ports étangers (1).

Ainsi finit l'institution.

La loi du 28 avril 1791 donna le titre d'amiral au grade le plus élevé parmi les officiers-généraux de l'armée de mer, sans aucune prérogative de juridiction, de police ou de revenus. Ce grade correspondit, suivant la loi du 12 mai suivant, à celui de maréchal de France ; la loi du 5 brumaire an IV voulut que ce grade ne fût que temporaire pendant le commande-

(1) V. à la note, sous le n°   comment a été partagé l'héritage des amirautés.

ment exercé, et ne l'assimila plus qu'à celui de général d'armée. L'empire créa, le 28 floréal an XII, un *grand amiral*, qui était un des grands dignitaires de l'état.

En 1814, la Restauration s'empressa de conférer au duc d'Angoulême la dignité *d'amiral de France*, de créer un état-major des gardes du pavillon amiral (1), et le duc d'Angoulême fit suivre les ordonnances relatives à la marine de son mandement aux officiers, comme faisait autrefois l'amiral. Ce simulacre dura jusqu'en 1830. Le 13 août 1830, considérant que la marine n'a pas de grade correspondant à celui de maréchal dans l'armée de terre (il n'y avait plus depuis longtemps que des vice-amiraux), une ordonnance créa trois places d'amiraux, et assimila ce grade à celui de maréchal de France. M. Duperré (2) fut nommé amiral. Ce titre n'indique donc qu'un grade, comme dans l'organisation de 1791. La compagnie des gardes du pavillon amiral a été supprimée le 19 octobre 1830. On retrouve le nom de *conseil d'amirauté* dans un conseil créé le 4 août 1824 et donnant son avis sur les mesures qui ont rapport à la législation maritime et coloniale et à l'administration des Colonies, à l'organisation des armées navales, au mode d'approvisionnement, aux travaux et constructions ma-

(1) 18 = 25 mai 1814.

(2) M. Duperré est Rochelais. La Rochelle lui envoya une épée d'honneur après la prise d'Alger. Il était bien digne de recevoir le premier la haute dignité d'amiral.

ritimes, à la direction et à l'emploi des forces navales en temps de paix et de guerre.

L'amirauté contenant donc toute la marine marchande, l'unité dans la législation était la conséquence de l'institution; il fallait bien traiter des contrats maritimes, de la police de la navigation, du personnel et du matériel de la marine marchande, de tout enfin ce qui l'intéressait, en traçant les pouvoirs de l'amiral et des tribunaux qui régissaient le tout.

L'abolition de l'amirauté dispersa nécessairement ce qui était réuni : il y a des lambeaux de l'amirauté dans tous les ministères, dans presque toutes les administrations, devant presque tous les tribunaux ordinaires ou administratifs. On ne peut pas changer cet état de choses, suite de la division des pouvoirs et des travaux; cette division a des avantages bien plus grands que ses inconvénients. L'Angleterre morcelle également les attributions maritimes. Mais on ne peut disconvenir qu'une grande confusion dans la législation n'ait été la suite de cette division

Il sembla d'abord à la révolution de 1789 que toute la législation ancienne était abolie comme l'ancienne société. Suivant les besoins, on se mit à prendre des arrêtés qui n'étaient souvent que la reproduction textuelle d'ordonnances non abrogées. Puis on sentit la nécessité de rappeler les lois anciennes. Le 8 frimaire an VII, le directoire fit imprimer un recueil de lois, règlements et arrêtés, qui n'était qu'une informe compilation, et qui avait le danger de laisser croire à l'a brogation des ordonnances qu'il avait oubliées. Le directoire, motivant cette mesure, considérait « que, » d'une part, la majeure partie des anciens édits et » règlements rendus sur le fait du commerce n'ayant » pas été réimprimés, comme ils auraient dû l'être, à » des époques déterminées, et se trouvant, par cette » raison, ignorés d'un grand nombre de citoyens, » tombaient insensiblement dans une sorte de désué- » tude qu'il importait de prévenir à l'égard de ceux » de ces édits ou règlements qui n'étaient point in- » compatibles avec le nouveau régime constitutionnel ;

» Que, d'un autre côté, le petit nombre des lois ou » arrêtés rendus sur la même matière, depuis l'épo- » que de la révolution, se trouvait disséminé, sans » ordre et sans suite, dans les vastes collections dont se » composait la législation de la république ; et que, » pour diriger tout à la fois la marche incertaine et » souvent peu régulière des tribunaux de commerce, » et éclairer en même temps les citoyens qui en sont » justiciables, sur leurs droits respectifs en cette ma- » tière, il importait de réunir les lois anciennes et » nouvelles, relatives à la juridiction commerciale. »

Ce qui était désiré par Émérigon en 1782, ce que la révolution rendit indispensable, ce qu'avait reconnu, sans l'exécuter, l'arrêté de l'an VII, a, depuis cette époque, acquis un bien plus grand degré de nécessité en ce qui touche la marine marchande.

Le Code de commerce a réuni tout ce qui concernait les contrats maritimes ; il a eu plusieurs commentateurs ; mais les contrats maritimes ne formaient qu'un des cinq livres de l'ordonnance de 1681. Pour tout le reste, il faut, ou recourir à l'ordonnance dont quelques articles ont conservé leur vigueur, ou chercher dans le ordonnances postérieures les dispositions applicables, ou feuilleter nos volumineux recueils de lois; puis, quand les divers textes sont connus, il faut voir en quoi il y a abrogation, dérogation, modification. L'incertitude, l'hésitation, et quelquefois l'erreur dans les actes administratifs et judiciaires, sont les résultats de cette confusion; enfin, bien qu'il soit plus aisé d'en sortir qu'autrefois, nous sommes retombés dans un dédale dont il n'est pas toujours facile, même aux gens expérimentés, de reconnaître les détours.

J'ai cru qu'il serait utile de mettre de l'ordre dans les éléments de cette législation. La pensée de ranger et de classer les matières non codifiées n'est pas nouvelle.

M. Dupin aîné, dès 1814, a dit, exprimant ses vœux pour la gloire de notre législation française : « On *reviserait* toutes les lois existantes, on *abrogerait* » formellement celles qui ne conviendraient plus à no- » tre gouvernement ni à nos mœurs ; on *classerait* les » autres par ordre de matières, et l'on en composerait » diverses *lois* ou *ordonnances générales*. » M. Dupin, chargé par le gouvernement de composer divers recueils de lois par ordre de matières, suivant le plan tracé par l'avis du conseil d'état, du 7 janvier 1813, a publié successivement : Lois concernant les lois ; — Lois civiles ; — Lois commerciales ; — Lois concernant les droits des Tiers ; — Lois et actes sur les majorats ; — Lois de procédure civile devant les tribunaux ordinaires, en cassation et au conseil d'état ; — Lois criminelles ; — Lois forestières, auxquelles il a joint le Code de commerce des bois et charbons pour l'approvisionnement de Paris ; — Lois des Communes ; — Lois de compétence. Il s'est arrêté quand, en 1824, le gouvernement nomma une commission nombreuse de fonctionnaires publics justement renommés, pour reprendre cette œuvre de classification, et proposer des projets d'ordonnances générales, par ordre de matières.

Ce projet si éminemment utile, « surtout sous un gou- » vernement constitutionnel qui est essentiellement le » *gouvernement du droit*, où chaque citoyen peut dire » à tout instant au fonctionnaire le plus élevé comme » au plus mince employé : *Vous n'avez pas le pouvoir* » *de faire cette chose* (1), » n'a point été réalisé ; le désordre a continué. M. E. Vincens, dans son *Exposition raisonnée de la législation commerciale*, disait en 1821 (tom. III, page 94, § 4 du chap. 1er du livre 12e) : « Il » devient très-nécessaire ou de faire un code de police » maritime marchande ou de compléter la partie ma- » ritime du code de commerce. » M. Boulay-Paty, dans son *Cours de droit commercial*, parle en plusieurs endroits

(1) Dupin, *Introduction aux lois de compétence*.

« du Code de police maritime qu'on a droit d'attendre » de la sollicitude paternelle du gouvernement. » Les hommes qui aiment le droit doivent donc, chacun dans les limites de ses études spéciales, contribuer à la continuation de l'œuvre.

C'est là ce que j'ai entrepris pour la marine marchande, cet important moyen de prospérité publique : il m'a paru qu'une simple réunion de textes ne suffirait pas à mon but, que leur classement dans un ordre méthodique et logique ne serait même pas assez. J'ai pensé qu'une exposition, une analyse raisonnée devait précéder la production des preuves, et qu'il fallait même quelquefois y joindre les éclaircissements du commentaire et les secours de la jurisprudence.

Ainsi j'aurai travaillé à rétablir l'unité rompue; j'aurai facilité les recherches de ceux qui ont besoin de connaître cette partie de la législation; peut-être j'aurai rendu plus facile sa codification, sa réformation, ses améliorations. Je n'ai pas la prétention de n'avoir rien oublié. Je n'ai cherché que ce qui était pratique et obligatoire, je me suis attaché aux actes principaux : le savant Valin, dont j'ai pris le commentaire comme point de départ, qui travaillait dans le dépôt du greffe de l'amirauté dont il était procureur, au milieu de tous les documents, à qui la bibliothèque de M. le duc de Penthièvre était ouverte, et qui joignait, à son expérience personnelle et d'application, celle de M. Emérigon de Marseille, en qui il avait trouvé le zèle le plus empressé pour le bien de la science, Valin, dont le recueil est le seul monument que l'on consulte pour la législation maritime antérieure à la révolution, n'a pas été à l'abri de la critique. Dans un discours sur le droit maritime et sur la manière de l'étudier, *M. Groult* docteur en droit, et procureur du roi de l'amirauté de Cherbourg, disait en 1786 (1) : « Sur plus de cinq mille autorités dont Valin fait usage » dans son commentaire et qu'il a prises dans cent » auteurs différents, on s'aperçoit qu'une partie est » inexacte, quelquefois même fausse. C'est un mauvais » préjugé en faveur d'un auteur d'ailleurs fort estima- » ble... Il y a telles ordonnances dont Valin a tronqué » ou contrefait les citations jusqu'à une ou deux dou- » zaines de fois. L'errata, s'il était général, contiendrait » plusieurs centaines d'articles. Il y a cinq ou six » cents ordonnances qui ne sont citées par aucun » commentateur. » Cette critique amère des détails n'a pas fait méconnaître l'immense utilité de cette grande œuvre. On devrait donc pardonner quelques erreurs, quand un si grand maître en a commises, et dans une matière assez obscure pour que M. Odilon-Barrot en ait dit que c'était « un chaos de lois contra- » dictoires, qu'il lui a été impossible, malgré tous ses » soins, de rattacher à quelque idée générale et d'en- » semble (2). »

(1) Paris, Imprimerie Royale.

(2) M. Odilon-Barrot, ayant plaidé une cause fort importante de droit maritime, écrivit, le 14 octobre 1828, au ministre de la marine, la lettre suivante, dont plusieurs copies furent, dans le temps, répandues dans le public.

« Paris, le 14 décembre 1828.

» Monseigneur, la Cour de cassation, chambres réunies, vient de pronon-

Cet ouvrage portera sur tout ce qui concerne la législation de la navigation marchande, à l'exception de ce qui est traité au Code de Commerce, c'est-à-dire des contrats maritimes. Peut-être si ce travail est agréé

» cer dans l'affaire du commissaire Offret, et je m'empresse d'annoncer à » votre Excellence le résultat heureux de mes efforts. La Cour revenant sur » l'arrêt par lequel elle avait proclamé l'abrogation implicite de l'ordonnance » de 1784, et porté une atteinte funeste au régime des classes de la marine, » vient au contraire de reconnaître solennellement que cette ordonnance est » toujours en vigueur pour tout ce qui concerne la discipline des marins clas- » sés, et les rapports de subordination qui doivent exister entre eux et les » commissaires des classes ou autres officiers préposés à ce service. Je me » félicite bien, monseigneur, d'avoir pu contribuer à assurer le succès d'une » cause dans laquelle l'intérêt de mon client se trouvait puissamment lié à » celui de la sûreté du commerce et de la navigation, et du service si impor- » tant que sa majesté vous a confié.

» Peut-être serait-il à désirer que quelque ordre fût porté dans ce chaos » de lois contradictoires que j'ai eu à explorer dans cette cause, et qu'il m'a » été impossible, malgré tous mes soins, de rattacher à quelque idée géné- » rale et d'ensemble. Un Code de la marine, qui réglerait les droits et devoirs » des marins d'abord dans leurs quartiers, puis dans les arsenaux, et enfin sur » les vaisseaux du commerce ou de la marine royale, serait un grand bien- » fait et pour la marine et pour le commerce. Tous les matériaux de ce tra- » vail existent épars dans les anciens réglements et les lois nouvelles ; il » suffirait de les réunir et de les coordonner. Dans ce désir, que je prends la » liberté d'exprimer, au sentiment du bien public se joint l'intérêt d'une » gloire à laquelle la reconnaissance ne me permet pas de rester indiffé- » rent.

» Oserai-je aussi, monseigneur, vous recommander mon client, le com- » missaire Offret, qui a défendu la cause de la discipline maritime, attaquée » dans sa personne, avec un courage, une persévérance et une intelligence » très-remarquables ? Abreuvé de dégoûts, traîné de tribunaux en tribu- » naux, en butte aux plus odieuses et aux plus calomnieuses imputations, » peut-être a-t-il quelque droit à un témoignage éclatant d'estime de la part » de votre Excellence, qui lui serve de réparation à lui et au corps honorable » dont il fait partie.

» Agréez, etc. »

du public, je le compléterai par un traité sur le livre deuxième du Code de Commerce, et ainsi en un seul ouvrage toutes les lois de cette matière seraient réunies et commentées.

Puissé-je ne m'être pas trompé en cherchant à atteindre un but d'utilité générale!

www.ingramcontent.com/pod-product-compliance
Ingram Content Group UK Ltd.
Pitfield, Milton Keynes, MK11 3LW, UK
UKHW021031260726
13994UKWH00005B/2080

9 782329 414355